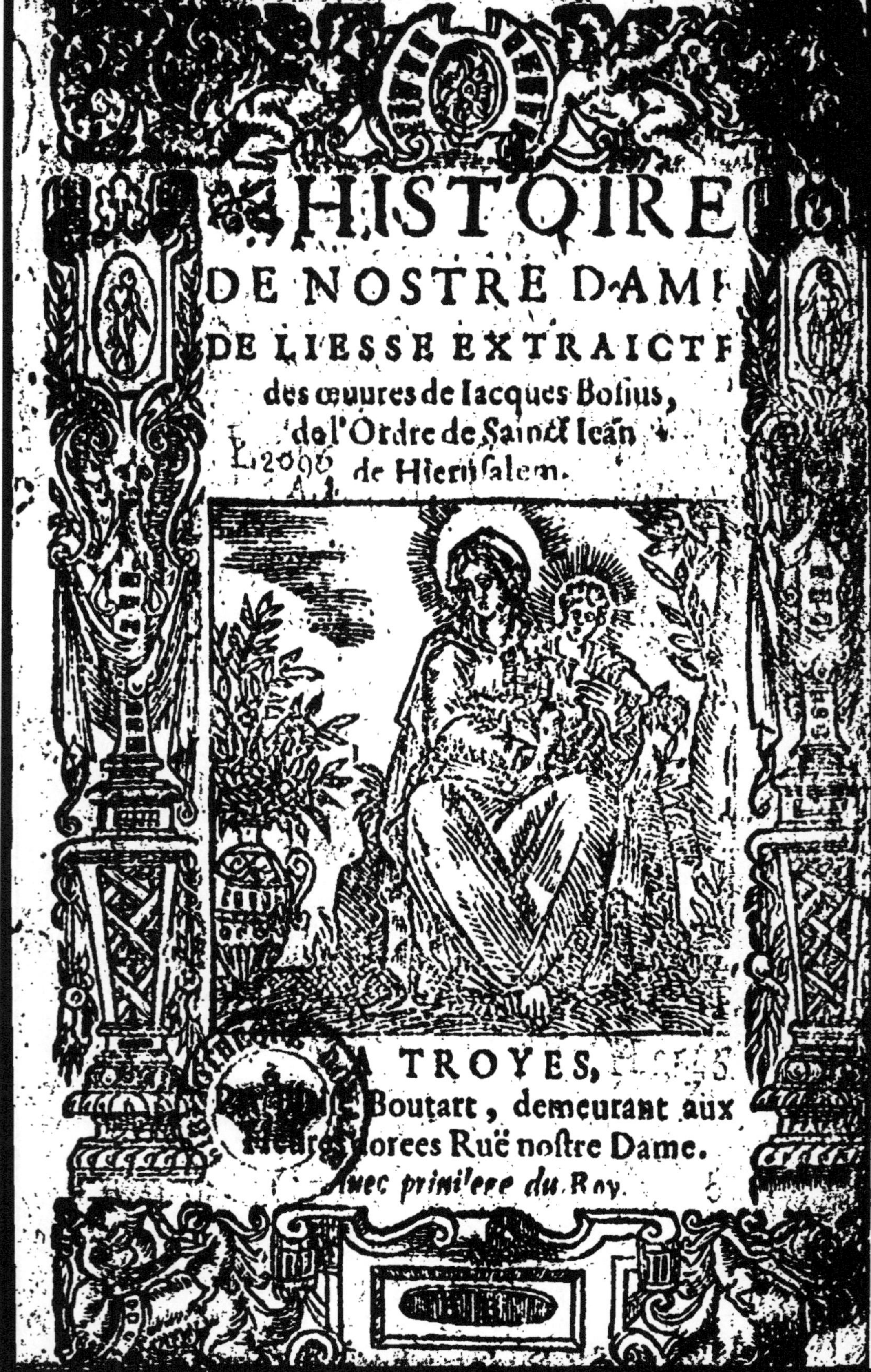

HISTOIRE
DE NOSTRE DAME
DE LIESSE EXTRAICTE
des œuures de Iacques Boßius,
de l'Ordre de Sainct Iean
de Hierusalem.
A TROYES,
Boutart, demeurant aux
Heures dorées Ruë nostre Dame.
Auec priuilege du Roy.

Narrateurs [illegible] image ancienne du [illegible]
et appert que les [illegible] a [illegible] chevaliers
[illegible] com la [illegible] d[illegible] l'an 1134 [illegible]
[illegible] en [illegible] de laquelle [illegible]
[illegible] baptizée [illegible]
[illegible] Et [illegible] pape, les [illegible]
apperent de [illegible] / mais aussi les chartes
[illegible] de [illegible] ce fans [illegible] [illegible]
[illegible] sont pour une multitude
[illegible] miracles [illegible]
[illegible] de [illegille] voulant de la
metropolitaine de [illegible] [illegible] imprimer
[illegible] belles [illegible], [illegible] pour [illegible] grand
[illegible] n'est fort [illegible] a la [illegible] et
autorité de l'[illegible] Catholicque.

[illegible] chanon [illegible] [illegible] [illegible]
[illegible] relation polemique [illegible] de [illegible]
[illegible] que [illegible] ou [illegible] a [illegible] fait
[illegible] de [illegible] miracles, et a [illegible] de [illegible]
[illegible] l'an 1125. S. Bernard [illegible]
[illegible] florissant et la [illegible] [illegible]
[illegible] [illegible] encore.

HISTOIRE DE NOSTRE

Dame de Liesse, Extraicte des oeuures de Iacques Bosius, de l'Ordre de Sainct Iean de Hierusalem.

VCCEDANT Folquet d'Anjou Compte d'Edesse au Royaume de Hierusalem par le deces de Baudouin, secõd du nom son beaupere & troisiesme Roy dudict Royaume, courant l'An de nostre salut, Mil cent trente & vn, & du recouurement d'yceluy par Godefroy de Buillõ l'An trois cens vingtz. Le Calif d'Egypte possedoit Ascalon ville tres forte à vingt mille de Hierusalem, & qui pour estre passage & frontiere desdicts Royaumes de Hierusalem & d'Egypte la tenoit tresbien munie de munitiõs de bouche & de guerre, speciallement d'vne forte garnison, reuouuellee tous les trois mois, dont les Chrestiens & pays circonuoisins par leurs ordinaires courses estoient en continuelle inquietude. A quoy ledict Roy Folquet desirant remedier apres auoir luy mesmes recogneu le pays, pris resolution de rebastir la ville de Bersabee (dicte auiourd'huy Thibellem) distáte quatre lieuës tant seullemét dudict Ascalon.

A ij

pour par ce moyen s'opoſer & refrener l'audace de
ces barbares. Ce qui fut autant promptement exe-
cuté, que la neceſſité le requeroit, & fut en peu de
temps la place renduë tres forte & inexpugnable.
Sa Majeſté conſiderant l'importance de ceſte place,
aſſeuré du teſmoingnage que les Cheualiers de
l'ordre ſainct Iean de Hieruſalem (ſurnommez Hoſpitaliers, & maintenant de Rhodes, ou de Malte)
auoient en toutes occaſions rendu de leur valleur.
Cela fit qu'elle leurs en laiſſa la garde & le gouuernemét qui fut l'An mil cent trête deux. Ce qu'ayás 1132
volontiers accepté, eſtoient iournellement aux
mains auec les Sarrazins & garniſon dudict Aſcalon : mais comme les effects de la guerre ſuccedent
diuerſement inclinât la faueur des victoires tantoſt
à l'vn, & puis à l'autre party, remportans les Hoſpitaliers ſouuent du meilleur, quelsquesfois auſſi du
pire. Vn iour entre autres (comme recite Melchior
Bandin, iadis vice Chancelier dudict Ordre eſtants
leſdicts Hoſpitaliers au mois d'Aouſt, de l'An mil 1134
cens trente quatre, auec le courage & hardieſſe ac-
couſtumee, ſortis de ladicte fortereſſe de Sidellem,
pour faire abandonner & relaſcher quelque quantité de beſtial & autre butin, que leſdicts Sarrazins
auoient pris ſur les Chreſtiens : ils furent deſdicts
Sarrazins, ſeingnants de fuyr attirez en vne embuſ-
cade qu'ils auoient dreſſee expres ſur le chemin
d'Aſcalon, & pendant qu'auec trop d'ardeur ils les
pourſuyuoient, ſe virent enueloppez d'vne infinie multitude de Sarrazins, auſquels apres auoir
vaillamment & longuement reſiſté, furent en fin

contrains , estans trop inferieurs de force ceder ,
auec vne assez confuse retraicte d'ou il aduint
que plusieurs demeurerent sur le champ , & autres
furét blessez & quelsqu°s vns prisonniers, au nom
bre desquels furent trois Freres germains François
de nation , & Cheualiers dudict Ordre , natifs du
Diocese de Laon en Laonnois ; dont l'aisnel estoit
Seigneur d'Eppé , & le second de Marchois, le troisiesme ne portoit aucune qualité ny Seigneurie , qui
test apres auoir combatu , tué & blessé plusieurs
Barbares , & receu eux mesmes de si grandes bles-
sures, qui ne se peurent retirer auec les autres , furét
en fin pris prisonniers & menez en Ascalon , & de
la apres estre guaris , & les Barbares informez de la
reputation qu'ils auolét acquiso pour leur noblesse
& saincteté, Ils furent enuoyez au grád Caire cóme
la plus pretieuse despouille de ceste victoire, & pre-
sentez au Souldã qui lors gouuernoit toute l'Egypte
soubs le Calif. Ledict Souldan les receut auec vn
visage hautain, les menaçant de les faire bien tost
mourir pour les notables dommages qu'ils auoient
faicts aux subiects de son Maistre Calif. Et apres
quelsques iours, auéc porolles gratieuses & emmiel-
lées les voulut persuader de regnier la Foy Chrestienne pour embrasser la fausse & superstitieuse loy
Mahometaine ; leurs promettant de plus grádes
charges & honneurs dignes de leurs personnes , &
merites , A quóy les Cheualiers tres-constam-
ment respondirent qu'ils estoient bons fideles
Chrestiens , & qu'ayants volontairement abáan-
donné leurs chere partie , tous leurs moyens &

commoditez, ayant paſſé en Syrie, receu l'ordre
ſacré des Religieux de Sainct Iean de Hieruſalem
pour le zele de ſacrifier leurs vies pour la deffence
& augmentation de la Foy Chreſtienne, eſtoyent
reſoluz & plus que iamais & preſts à ſouffrir milles
morts (ſi tant eſtoit poſſible) pluſtoſt que condeſ-
cendre à ces malheureuſes & iniques perſuaſions.

Le Souldan extremement irrité de ceſte reſponce,
commanda qu'ils fuſſent mis en vne tres auſtere
priſon, en donnant la garde à vn Sarrazin treſgrand
ennemy des Chreſtiens, ordonnât qu'il ne leurs fuſt
baillé pour nourriture que pain & eau. Toutes-fois
comme le deſir luy croiſſoit de faire changer aux
priſonniers de propos, il employe toute ſon induſtrie
pour les faire apoſtatiſer & renôcer à la foy Catholique, & pource fit appeller les plus ſçauâts preſtres
ou Marabouts (ainſi par eux nômmez) qui fuſſent
en toute l'Egypte, qu'ils enuoya à la priſon deſdicts
Cheualiers, auec exptes commandomens d'eſſayer
par leurs ſciences diaboliques & tous autres moyés
à eux poſſibles de les induire à la foy Mahometaine.

Ces Miniſtres de Satan, croyants aſſeurement retourner victorieux de ce combat fondez ſur vaine
gloire de leur ſçauoir & ſur les flateuſes promeſſes
& grandeurs qu'ils leurs propoſoient. Et d'auantage
ayants affaires auec perſonnes, dont la profeſſion
eſtoit pluſtoſt des armes que des lettres ourent fort
agreable ce commandement. Mais comme Dieu
n'abandonne iamais ceux qui mettent tout leur
eſperance en luy & l'inuoquent du fond du cœur,
auſſi donna il telles forces aux Cheualiers, qu'ils ne

peurent estre esmeus des parolles sophistiques desdicts Marabouts, ains les firét partir confus & vain-
cus, lesquels faisants rapport au Souldã, que la constance des Cheualiers estoit telle qu'il estoit impos-
sible de les aucunement esbranster de leur creance.

Entendant cela, il conceut vne telle indignation
contre ces Marabouts qu'il les chassa auec parolles
picquantes & iniurieuses. Ce qui neantmoins
ne les fit point desister de son desdain, ains plus es-
chauffé & affectionné que deuant, ne pensoit iour
& nuict qu'aux moyens auec lesquels il pourroit
ranger lesdicts Cheualiers au Mahometisme, & fut
au surplus si obstiné en ses intentions, que pour en
venir à bout, il se va resoudre dõc, dy employer toutes inuentions humaines, pour destestables & hon-
teuses quelles peussent estre. Il auoit vne fille nom-
mée Ismerie, ieune & autant douée des dons de na-
ture qu'autre qui fut de son temps & tresbien in-
struicte en ce qui dependoit de sa loy.

OR il se persuada que cela seroit vn subiect, par
lequel il pourroit auoir issue de son intention,
& que n'ayãt peu rien aduãcer par toutes les autres
inuentions, qu'il le feroit par la beauté & mignar-
dise de sa fille Ismerie, si bien que les Cheualiers at-
ticez de quelque concupiscence, condescendroient
en fin à sa volonté. Il descouurit ceste furieuse dia-
bolique & desnaturée deliberation à sa fille, la priãt
de s'efforcer à l'effectuer promptement, & dextre-
ment y employer toute l'industrie dont elle se pourroit aduiser, mesmes de cõdescendre tout à ce dont
par les Cheualiers seroit requise, pourueu qu'elle

emportast la victoire, ô enorme, bestial & plus que
Barbare meschanceté. Bien voulut icy le diable employer ces forces & artifices, toutesfois le tout puissant qui des plus griefues offences souuent faict
naistre des tresgrands benefices, ne voulut tant seulement par ce moyen attirer la Damoyselle à nostre
saincte Foy, mais d'auantage par la constance & me-
rite des Cheualliers il orna & encherit la France du
plus riche meuble noble & precieux ioyaux celeste
qu'elle ait, qui est la miraculeuse Image de nostre
Dame de Liesse, par l'admirable maniere que nous
dirons cy apres. Apres auoir Ismerie receu cest exe-
crable commandement tres desireuse de l'executer,
au contentement de son Pere, & ayant bonne opi-
nion de sa beauté & de son bien dire, incontinent
elle fascheminant à la prison des Cheualiers, qu apres
les auoir courtoisement saluez, leurs dict qu'elle
estoit fille du Souldan, & que meuë de compassion
elle les auoit voulu visiter personnellement, sçachāt
specialement la resolution du Souldan, qui apres les
auoir faict sentir tous les tourments qu'humaine-
ment se pouuoient excogiter les feroit en fin cruel-
lement mourir, si mieux n'aymoient quitter leur religion, & embrasser la Mahumetaine, par ce qu'on
les prioit bien de considerer le miserable estat auquel l'obstination les tenoit, moyennāt qu'on leurs
pmettoit de la partie du Souldan qu'ils seroiēt eslo-
uez en richesses, & aux plus haultes charges & di-
gnitez, les asseurant qu'en toutes occurrances elle
leurs seroit fidelle protectrice & aduocate.

ES Cheualiers eſmerueillez que ceſte fille
rare en beauté & qualité fuſt entree la de-
dins toute ſeule, la remercierét de la grãde
courtoyſie dont elle vſoit enuers trois
pauures eſclaues, en lieu ſi vil & abiect : mais quant
aux charges & offices qu'on leurs preſentoit que le
Souldan deuoit perdre l'eſperance qu'ils les deuſſent
ſi cheremét achepter, Car ayants en receuant l'Ordre de Cheualiers ceint l'eſpee pour la deffence de
la vraye foy , cõbien qu'alors pour eſtre priſonniers & eſclaues ils ne peuſſent auec icelle & par
la voye des armes en faire preuue , ils eſtoient pieſt
& diſpoſez d'enduter toutes ſortes de touriments &
la mort meſme pour la confeſſion de ladicte Foy.
Ce qu'ayãs faict encores ne poupoient ils ſatisfaire
aux obligations infinies qu'ils auoient à noſtre Re-
dempteur Ieſus Chriſt, lequel eſtant Dieu Createur
Roy & Seigneur de tout l'vniuers, neantmoins affin
de nous rachepter des poines eternelles & des mains
du diable, s'eſtoit tant abbaiſſé que de prendre chair
humaine au vétre de la glorieuſe vierge Marie pour
ſe faire homme , pour viure icy bas l'eſpace de trẽte
trois ans en cõtinuels trauaux & pauureté, & final-
lement apres auoir enduré infiniz tourmens mourir
ignomenieuſemét en l'arbre de la Croix. De ce propos priſt Iſmerie occaſion de diſputer, voulant prou-
uer ſa religion eſtre la vraye, & la Chreſtienne vaine
& abuſiue: toutesfois les apparentes & pertinentes
raiſons des Cheualiers la rendirent cõfuſe, & ainſi
ſe partit pleine de doutes & ſcrupules ſur la ſuper-
ſtitieuſe loy Mahometaine, & informa ſon Pere, de

ce qui s'eſtoit paſſé entre elle & les Cheualiers, dequoy il entra en telle rage & deſpit qui ſe reſolu de
les faire miſerablemét mourir. Partant il cómanda
qu'ils fuſſent mis en plus eſtroicte priſon, & que le
pain qui leurs eſtoit iournellemét donné fut retran-
ché pour aſſeuráce de quoy s'aſſeurer il oſta les clefs
au Geollier, & les bailla à Iſmerle pour y aller toute
ſeule, & leurs porter pain & eau tant ſeulement &
ſi ſobrement, qu'a peine les peut maintenir en vie,
eſperant encores par ce moyen & de la continuelle
conuerſation de la fille, les attirer à ſon intention.
Iſmerle qui deſia meuë des parolles des Cheualiers,
ou pluſtoſt d'inſpiration diuine, les voulloit interroger & eſcouter, accepta volontiers la garde de la priſon, en laquelle ne faillit le lendemain fort matin de
ſi rédre ſeule. Et apres auoir ouuert la porte & cour-
toiſemét ſalué les trois Cheualiers, s'excuſa ſur le
commandement du Souldan, de ne leurs auoir apporté d'autres viures, ny en plus gráde quátité, leurs
diſant que l'occaſion de cela procedoit de leur trop
grande obſtination, les priant de ſuiure ſon conſeil,
par lequel ils pourroient faire le ſalut de leurs ames,
ſe deliurer de tant de miſeres & trauaux, & finable-
mént paruenir à des tresgrádes richeſſes & hóneurs
d'icy. De rechef commança vne forte diſpute, ou les
Cheualiers aſſiſtez de la grace de nře Seigñr, ſceu-
rent tellemét expliquer tous les miſteres tres-haults
de l'incarnatió du verbe eternel, la vie, les miracles,
la mort, la Reſurrectió & l'Aſcétion de Ieſus Chriſt
les vertꝰ, les excelléces, les merites, l'entiere virginité, auát l'enfantemét, en l'éfantement, & apres i'en-

fantement de la glorieuse vierge Marie q̃ la Damoiselle Ismerie pendãt que les Cheualliers parloient se
sentoit mesme esmouuoir, & luy sembloit que leurs
parolles fussent autãt de flammes qui la penetroiẽt
iusqu'au cœur, laquelle estant retournee au logis, se
retira en son Cabinet, & cõmença à soufpirer gran-
dement, & se reduisant en memoire les parolles des
Cheualliers, & speciallement celles qu'elle auoit en-
tédu de la vierge Marie, il luy sembloit resentir vne
grande & singuliere douceur en son cœur, tellemẽt que chaque heure luy sembloit mil ans iusques
à ce que le lendemain fut venu pour retourner en la
prison, & ouyr de noũueau lesdicts Cheualliers dis-
courir de ce subiect, lesquels voyans qu'elle prenoit
vn goust merueilleux en leurs propos, ils conceu-
rent vne bonne issuë, & s'effortcerẽt de la rendre capable des choses appartenãtes à nostre saincte
Foy, & de luy racompter la vie & les miracles de la
glorieuse vierge Marie mere de Dieu, d'où aduint
que ceste fille s'affectiõna tellemẽt à en ouyr parler,
que iour & nuict elle ne pésoit à autre chose, & tout
ainsi que celuy qui ayme fermement, desire continuellement auoir présent le portraict de la chose
aymée, Aussi à ceste Damoiselle suruint & creut
vne tresgrande affectiõ de veoir vne Image de celle
de qui les Cheualiers auoient dict tant de vertus &
excellences admirables, sçauoir de la tresglorieuse
vierge Mere de Dieu, & pourtant leurs demanda vn
iour s'ils en auoient aucune, à quoy respondant que
nõ, leurs repliqua puis apres que s'ils pouuoient &
vouloiẽt luy en faire vne, que de la en auãt tãt qu'ils

feroient en prifon, elle leur apporteroit au deceu de
fon pere bône quantité de viures, promettant apres
les deliurer & donner commodité de retourner en
Syrie, ou là ou bon leurs fembleroit.

Laifné des trois promit, moyennant qu'elle ap-
portaft bois & ferremét d'accomplir ce fainct defir,
dont elle fut fort ioyeufe : mais incontinent qu'elle
fut partie de la prifon, les deux plus ieunes estonnez de la promeffe faicte par leur Frere, laquelle
eftoit impoffible d'accomplir, luy reprochoyent
fa legereté de promettre chofe, dont la Princeffe
pourroit conceuoir bien grande indignité contre
eux, & leur feroit mauuais traictement. A quoy il
refpoudit qu'ils ne deuroient de rien doubter, ains
croire que noftre Seignr & fa glorieufe Mere pour
l'honneur defquels, & du falut d'Ifmerie, il auoit
faict cefte promeffe ne les abandonneroit.

AV iour fuyuant elle ne faillit de retournervers
les Cheualiers, portât bois & outils pour faire
l'Image, & abondances de viures, les priant d'vfer
de diligence telle qu'au lendemain elle trouuaft l'I-
mage parfaicte. Apres le partement de la Princeffe
les deux ieunes Freres de rechef eftonnez, à caufe de
fa perfeuerence, reprocherent de nouueau à leur
aifné fon imprudence, à promettre ce dôt il ne pouuoit facquitter, mais luy tres conftant, leur remôftra
qu'ils ne deuqiét limiter la toute puiffance de Dieu,
duquel ils pouuoient efperer par l'interceffion de la
glorieufe vierge Marie, toute côfolation & ayde, &
pour cefte fin qu'ils fe deuoient mettre à leurs faire
deuotes oraifons. En cefte côfiance, fuyuât & exe-

euant ce sainct Conseil ils s'endormirent, & enui-
ron la minuict, s'apparut dãs la prison vne tresgrãde
clarté & splendeur, suyuie d'vne tres suaue odeur &
grãde melodie d'Anges qui resueilla les Cheualiers,
dequoy du commancement furent fort estonnez,
ne pouuant iuger si c'estoit songe ou chose vraye.
Mais aptes estre quelque peu r'asseurez, apperceurēt
vne Image de la glorieuse vierge Marie posée auprès
l'autel, laquelle auoit pleu à Dieu par son infinie
bonté & misericorde leurs enuoyer. Pourquoy tous
trois soudain se prosternants deuãt icelle, rendirent
deuotement graces à la Majesté diuine, de ce grãd
benefice & assistãce en leurs necessité, & ainsi cõ-
tinuerent le reste de la nuict, & iusques à ce que suruint Ismerie qui meuë de l'affectiõ de veoir l'Image
qui luy auoit esté promise, alla de grand matin à la
prison auec bõne prouision de viures, où apres auoir
ouuert la porte & veuë l'extraordinaire splédeur &
odeur, demanda aux Cheualiers d'où cela procedoit
lesquels pour estre tellement attentifs à leurs deuo-
tions, ne s'apperceurent de sa venuë, ny demãde qui
l'occasionna de s'approcher d'eux, où la voyants luy
dirēt : Madame, voyla la tressaincte Image que nous
vous auõs promis, & qu'il à pleu à la diuine Majesté
ceste nuict nous enuoyer, vous asseurãts qu'elle n'a
esté faicte par œuure humain, en tesmoignage dequoy, voyez le bois que vous auez apporté autant
entier qu'il estoit alors. La Princesse ne l'eut si tost
regardée, qu'elle se prosterna par grande deuotion
les deux genoux en terre, disant. O rare & trespre-
cieuse Image bien que tu sois belle & tresgratieuse

Ie croi ſermemét maintenant ꝗ la glorieuſe vierge
que tu repreſentes ſoit (ſans cóparaſion) d'vne plus
excellente & rare beauté que toy. Ainſi apres autres
pluſieurs ſemblables oraiſons, pria les Cheualiers
de luy donner ceſte Image, auec condition & pro-
teſtation que des l'heure elle vouloit renoncer à la
loy de Mahommet, & ſe vouer au ſeruice de ladiſte
glorieuſe vierge Marie & de Ieſus chriſt ſon fils. Ce
que les Cheualiers luy ayans volontiers oſtroyé,
leurs proteſta de rechef, qu'inuiolablement elle ef-
feſtueroit ce qu'elle auoit promis, & qu'en dedans
peu de iours elle les deliureroit de captiuité. Alors
les Cheualiers a cauſe du grand contentement &
reſiouyſſance qu'ils ſentoient en leur ame, & qu'ils
auoient de la conuerſion de la Princeſſe, nommerét
ladiſte Image Noſtre Dame de Lieſſe. Iſmerie emporta l'Image en ſon logis, ou elle la mit ſur vn tres
riche tapis, & de rechef auec treſgrande reuerence
deuant icelle fit pluſieurs prieres tres-humblement
ſupphant la glorieuſe vierge Marie de luy enſeigner
les voyes pour ſe pouuoir faire Chreſtienne, d'autất
que ſon Pere en eſtant aduerty ny conſentiroit iamais. Ayant acheué ſes prieres, & demeuré longue-
mént en cótemplation deuant l'Image, elle l'enuo-
loppa en precieux draps d'or & de ſoye, & l'enfer-
ma en vn coffre, puis s'en alla veoir ſon Pere, auquel
elle donna aſſeurance que bien toſt les Cheualiers
feroiét ſa volonté, dont il receut beaucoup de contentement, exhortant ſa fille de vouloir mener à fin
ceſte entrepriſe : Mais elle qui auoit tout autre deſ-
ſein, & l'amour feruent qu'elle portoit à l'Image, no

permettoit qu'elle fit longue demeure à la presence
de son Pere, ains son partit soudain, & estant arriuee
à son logis, reprint de rechef l'Image, dont le regard
luy causoit vne ioye incroyable, & lors commença
de parler en ceste façon. Vierge tressaincte & celeste, ce n'est sans subiect que les Cheualiers t'ont
nommé Dame de Liesse : puis qu'en contemplant
ton Image, ie sens par ta saincte grace vne infusion
de ioye inestimable contentement, nôpareil en toutes les parties de mon ame. Ie te supplie tres humblement de vouloir interceder pour moy enuers
ton vnique & trescher Fils : affin que ie sois faicte
digne d'estre fidelle Chrestienne, & à la fin de mes
iours ie te puisse veoir & seruir aux Cieux.

Car puis-que en contemplant seulement ton
Image, ie ressens icy bas telle consolation, que se-
ra-ce de iouyr la hault de ta diuine presence? Ainsi
passa Ismerie le demeurant du iour & bonne partie
de la nuict. Puis s'estant endormie eut en vision la
vierge Marie, qui luy dict, Ismerie aye bon courage,
& ferme asseurance en mon fils & Seigneur, ton
Oraison à esté exaussee : car ie l'ay prié pour toy.

Il t'a esleuë pour chere seruante, tu deliureras
les Cheualiers de prison, & seras baptisee & nommee de mon nom. La France sera par toy enrichie
d'vn Thresor inestimable & d'innumerables graces, pour lequel mon nom y sera plus que deuant
fameux & celebre. En apres tu viendras iouyr per-
petuellemét auec moy de la gloire de Paradis, & incontinent elle disparut.

Sur ce, se resueilla Ismerie & sentant en sa chāb

bre infinies bonnes odeurs & merueilleuses dou-
ceurs, elle pensoit estre en Paradis. Parquoy, soudain se leua du lict, & s'employa iusques au iour en
prieres deuāt l'Image, resoluë d'executer les diuines
admonitions qu'elle auoit receu en vision, & ayant
faict vn fardeau de ses plus precieux ioyaux, & d'vne
bonne quantité d'argent, portant auec cela l'Image
au plus profond silence de la nuict suyuante, s'ache-
mina à la prison qu'elle trouua ouuerte miraculeu-
sement, & les Cheualiers endormis qu'elle resueilla
lesquels estonnez de sa venuë à ceste heure, ne pouuoient que penser, sinon apres auoir entendu ce qui
luy estoit aduenu & sa resolution, furent fort res-
iouys. Elle dōcques les exhorta de la suiure promptement, auec confiance que Dieu & la glorieuse
vierge Marie dont ils portoient l'Image auec eux, les
ayderoient & conduiroient a bon port sortans en-
semble de la prison, passerēt au trauers de la ville du
grand Caire, sans qu'aucuns leurs dōnast empesche-
ment, & cheminerent iusques a ce qu'ils se rencon-
trerent à vn bras du Nil, ou ne sçachant comment
le passer, doubtans que le Souldan aduerty de leurs
fuitte & partement de sa fille, ne les enuoiast soudain chercher ils se trouueroient en grande perple-
xité pendant qu'ils pensoient du remede à si eminēt
danger. Ils apperceurent de l'autre part du riuage
ya nir vers eux vn petit batteau, cōduit par vn ieune
Garçon qui leurs dict, Entrez icy, ie vous passeray,
Car ie sçay vostre volāté. A quoy obeissant, furent
soudain trasportez à l'autre bord. Et apres auoir mis
pied à terre, disparut le Garçon & le batteau, & cons

tinuãs leur voyage apres auoir cheminé quaſi touté
la nuict, ſe ſentant Iſmerie laſſee, les pria la laiſſer vn
peu repoſer : parquoy ſeſlongnerent quelque peu
du chemin derriere quelque buiſſon, ou tous ſen-
dormirent. Et ainſi endormis, furent miraculeuſe-
ment tranſportez en leurs patrie & lieu de leur naiſ-
ſance pres d'vne fontaine, ou eſt maintenant ſitué le
bourg de Lieſſe : ou apres s'eſtre reſueillez, Iſmerie
dict aux Cheualiers. Ie vois que ma viſion à eſté eſ-
fectuee, & que nous ſommes en France.

PEndant ces propos, entendirent proche d'eux,
le chant d'vne cornemeuſe, à l'occaſion dequoy
les Cheualiers prindrent le chemin vers la, laiſſant
Iſmerie à la Fontaine, laquelle doutant qu'ils la
vouluſſent abandonner, les ſuiuit en grande haſte,
ne ſe ſouuenãt de l'Image qu'elle laiſſa á la fontaine.
Eſtans les Cheualiers arriuez pres le Bergier, dõt ils
auoiét ouy le chãt, s'informans du lieu ou ils eſtoiét
croyãts que ce fut encore l'Egypte:luy parloient en
langue Arabeſque, lequel leurs reſpõdit qu'il ne les
entendoit pas:lors fort eſmerueillez, recogneurent
par le diſcours dudict Bergier & ſouuenants du pays
qu'ils eſtoient pres de Marchois à eux appartenant,
ce qu'eſtant aduenu par l'interceſſion de la glorieuſe
vierge Marie, ſe proſternerent en terre & luy rendirent tres humbles graces, & s'acheminant auec
grãd contentemét auec ledit Bergier vers Marchois
Iſmerie ſe reſouuint de l'Image qu'elle auoit laiſſé
& pria les Cheualiers de retourner auec elle, affin
de la reprendre, laqlle ils retrouuerét toutę baignee
s'eſtãtes les eaux de ladicte fontaine deſbordee pour

l'honoret, dôt il aduint ǵ ceſte eau par longue eſpace
d'Années gueriſſoit les fieures, & de pluſieurs autres Infirmitez. Ayant Iſmerie repris l'Image pro-
poſerent d'edifier audiĉt lieu vne Egliſe en l'hôneur
de la vierge Marie, pour en icelle colloquer ladiĉte
Image, & en perpetuelle memoire du tranſport mi-
raculeux:mais par ce que le lieu n'eſtoit propre pour
tel edifice, le Bergier leurs monſtra vn endroiĉt proche de la,fort cômode,auquel il y auoit vn Hoſpital
En ce lieu les Cheualiers prindrent reſolution de
faire baſtir ladiĉte Egliſe, & deſirant ceſte matinee
arriuer au chaſteau de Marchois,ſuiuerent leur chemin, & trauerſant vn iardin, Iſmerie ſentit vne ſi
ſoudaine & tréſgrande peſanteur de l'Image qu'elle
fut contrainĉte la poſer en terre, dont ils cognteu-
rent qu'en c'eſt endroiĉt eſtoit vrayement le lieu
ou la glorieuſe vierge Marie vouloit que ſon Image fut colloquee & reueree : parquoy de rechef
promirent de faire edifier audiĉt lieu ladiĉte Egliſe,
ou la part qu'il luy plairoit. Ils n'eurent ſi toſt acheué la promeſſe, que l'Image deuint auſſi legere
qu'elle eſtoit au par auant, & l'ayant deuotement
repriſe,s'acheminerent à Marchois, & puis à Eppé,
ou ils furent receus auec grâd contentemêt de tous
leurs parês & vaſſaux : & y ayans repoſez quelsques
iours,alleret en laville de Laô en côpagnie d'Iſmerie
qui y fut baptiſee par l'Eueſque de ladiĉte ville, &
nommee Marie. Puis obtindrent permiſſion dudiĉt
Eueſque de faire edifier l'Egliſe ainſi qu'ils auoyent
promis & deſigné proche l'Hoſpital que l'eur auoit

monstré le Bergier. Et apres y auoir faict vne Chap=
pelle, y mirent l'Image, mais le lendemain la re-
trouuerent au susdict iardin. De ces deux miracles
ils cogneutent clairement qu'ils deuoient edifier
ladicte Eglise au iardin susdict, attendu quoy ils firét
vne petitte Chappelle de rameaux, & apres auoir
achepté ledict lieu : ils firent faire l'Eglise qui si voit
auiourd'huy, nommee Nostre Dame de Liesse : ou
il a pleu à la diuine Majesté, par l'intercession. de la
glorieuse vierge Marie de monstrer, comme encores
iournellement plusieurs gráds & signalez miracles.
La ieune Princesse Marie (ou par auát dicte Ismerie
continua le peu de Iours qu'elle vescu depuis en có-
tinuelles prietes, ieusnes, & ausmones en compagnie de la mere des Cheualiers Dame de tressaincte vie & exéplaire, & estát passee à plus honorable
vie, fut son corps enterré en la mesme Eglise de nostre Dame de Liesse.

Este Histoire c'est ainsi trouuee es escripts
de Frere Melchior Baudini, iadis Cheualier de l'Ordre Sainct Iean de Hierusa-
lem qui n'est fort discordáte de l'Histoire imprimee
à Paris par Simon Caluarin, sinon que l'historio-
graphe mal pratiqué & informé de l'antiquité de
c'est Ordre ne mesurant, ne considerant le temps
mesle ignoramment & par trop euidemment les
succez aduenus estant cedit Ordre à Rhodes auec
ceux de Syrie, puisque l'apparition ou inuen-
tion de la saincte Image aduint Cent & Soixante
quinze ans auant qu'il allast resider à Rhodes, qui
fut l'An mil trois cens & neuf, de plus il faict autro

manifeſte erreur racomptant les miracles faiɛts par
ladiɛte Image en l'An mil cent trête neuf, qui vient
iuſtement cent & ſoixante dix Ans au parauant
que lediɛt Ordre conqueſtaſſe l'Iſle de Rhodes.

Autres Miracles qui ont eſté faiɛts en pluſieurs perſonnages, requerant la belle Dame de Lieſſe.

N pauure hôme nômé Pierre de Fourcy,
lequel n'auoit pas grans biens pour ſub-
ſtâter la vie de luy, de ſa femme, & de trois
petits enfans qu'il auoit. Ceſtuy pauure homme alloit chacun iour au lieu public, ou on louoit les ma-
nouuriers : mais il ne trouuoit aucun qui le vouluſt
mettre en beſongne, parquoy voyant qu'il ne gai-
gnoit rien, il cômença fort à ſe deſconforter & dire.
Helas ! Dame de Lieſſe ſecourez voſtre pauure ſer-
uiteur, aydez luy à viure luy & ſa femille. Ce bon
homme alloit chacun iour de maiſon en autre, priât
les habitans qu'ils luy fiſſent gaigner ſa vie, & que
de la faim mouroit luy, ſa femme & ſes enfans : mais
onc ne trouua qui vn ſeul denier luy baillaſt à gaigner. Quand il vid cecy, il fut moult deſplaiſant,
commença de rechef à dire. Helas ! Dame de Lieſſe
mourray ie de faim : il m'eſt impoſſible que i'euſſe
courage d'aller demander l'aumoſne. Helas ! Dame,
faut il que ie ſois larron, certes ouy ſi ie veux viure,
parquoy comme par deſeſpoir ſe mit à deſrober ſes
voiſins les plus prochains, & ceux qu'il ſçauoit bien

auoit du bled, du vin & du lard. Et tellement continua que les voisins s'apperceurent qu'on les desro-
boit, & se douterent du pauure homme, parquoy ils
s'accorderent de faire si bō guet qu'ils le prendrolēt
sur le faict: car ils sçauoient bien qu'il ne faisoit rien,
n'auoit dequoy viure, & si estoit luy & toute sa fa-
mille assez en bon point. Adonc firent si bon guet
qu'il fut pris au grenier de l'vn, ou il remplissoit son
sac de bled. Si l'empoignerent, tresbien le battirent
disans qu'ils le feroient pendre. Le pauure homme
se voyant pris, fut bien estonné: tellement qu'il ne
sçauoit que dire, sinō qu'il reclamoit la belle Dame
de Liesse deuotement en son cœur. Lors les deux
voisins le lierent, le firent mettre en prison. Et quād
le Preuost l'interrogua, confessa tout: parquoy il fut
condamné à estre pendu & estranglé. Pour laquelle
chose accomplir, fut mené au gybet, ou il requist la
belle Dame de Liesse bien deuotement, disant de
belles oraisons, la priant qu'elle luy sauuast la vie.
Apres ses oraisons dictes, il monta à l'eschelle & fut
pendu par le bourreau qui bien le cuydoit auoir
estraglé. Quand il fut pēdu, chacun s'en alla, & il de-
moura au gibet par l'espace de trois iours sans mourir, soy cōplaignant du mal qu'il soustenoit & endu-
roit. Il passa au-pres vn Bergier des chāps, qui ouyt
plaindre ce pauure patient. Lors leua les yeux vers
luy, aduisa qu'il n'estoit pas encores mort. Quand
le pendu le vid, il l'appella, luy dict. Helas mon amy,
va chercher le Preuost & luy dis, qu'il m'enuoye le
bourreau pour m'acheuer de faire mourir, car ie
languis en grand martyre. Lors le Bergier par pytié

courut vers la ville, ou il rencontra les deux voiſins qui l'auoient faict pendre, il leur dict. Helas Meſſeigneurs n'eſtes vous pas gens de iuſtice. Ouy reſpondirent ils, qui à il? Meſſieurs, dict-il : voila vn pauure homme qui eſt au gibet pendu il y à trois iours, lequel m'a prié d'aller dire au Preuoſt qu'on le viéne acheuer de faire mourir. Allors furent les deux voiſins bien eſbahis d'ouyr ces nouuelles, ſi dirent au Berglér. Va donc ne te chaille, nous y allons Incontinent s'en ollerent au gibet. Quand ils furét montez à l'eſchelle, ils tirerent leurs couſteaux & donnerent cinq ou ſix coups au trauers du corps de ce pauure patiét: mais iamais ne le peurét acheuer de faire mourir. Quand le Berger (qui loing d'eux eſtoit) apperceut qu'ils martyriſoient ainſi ce pauure pendu, commença à cryer. Helas! ceux acheuent de tuer ce pauure homme, & ie cuydois qu'ils le deſpendiſſent. Allors courut à la ville, ou il trouua le Preuoſt, auquel il cómpta le cas dequoy fut eſtóné. Subitemét móta à cheual, & alla auec le Bergier, ou il trouua encores les deux Voiſins qui ne s'en pouuóient departir, diſoient l'vn à l'autre, noſtre Dame il me ſemble que ie ſois lié de chaines de fer par les pieds. Ainſi faict il à moy, diſoit l'autre, ie ne m'en puis fuyr no ſortir. Quand le Preuoſt les vid, il leur dict. Ha Seigneurs? qu'auez vous faict à ce pauure homme? Ha Monſieur dict le pendu, il m'ont tant faict de mal, & plus cent fois que n'a faict le bourreau, ils m'ont nauré parmy le corps en plus de ſix endroicts. Lors le Preuoſt luy demanda qu'il l'auoit gardé de mourir. Il luy reſpondit que çauoit eſté la

belle Dame de Liesse. Lors commanda le Preuost
aux Voisins de le despédre, sur peine de perdre tous
leurs biens: si leur enchargea de le nourrir, luy sa
femme & ses enfans tant qu'il viuroit, & s'ils ne
le vouloient côsentir, il luy bailleroit leurs maisons
& tous leurs biens, laquelle chose ils s'accorderent
de le nourrir toute sa vie. Puis descendirét le pauure
homme: le porterent en leurs maisons, & le firent
guarir. Et quand il fut sain: il s'en alla visiter & remercier la belle Dame de Liesse, qu'elle luy auoit
sauué la vie.

N la Côté de Neuers, au Duché de Berry,
y auoit vne ieune Damoiselle, laquelle maria sa fille a vn Gentil homme, bon, hon-
neste & bien moriginé, puissant & riche, demeurât
à six ou sept lieües de ladicte Damoiselle. Ceste Damoiselle aymoit tant cestuy son gendre & sa fille
qu'elle ne les veoit pas à demy: & de faict quand elle
alloit veoir sa fille estoit aucunesfois vn mois & demy auec elle faisant bonne chere, si qu'elle ne pouuoit retourner en sa maison, tât les aymoit d'amour
naturélle: car iamais ne pensa nul mal vilain contre
son gendre, ne son gendre contre elle : souuent s'en
alloyent esbatre en aucuns lieux tous trois ensem-
ble pour passetemps, comme d'aller veoir ses parens
& circonuoisins, aucunes fois les menoit en pelerinage. Et vn iour pria son gendre qu'il la menast à
nostre Dame de Liesse, car elle la seruoit chacun
iour de bon cœur, lequel luy mena voluntiers, ac-
compagnee de sa femme fille d'elle. Le pellerinage

faict, reuindrent en la maison du gendre faisant bonne chere comme ils auoient accoustumez.

Quand les voisins veirent que ceste Damoiselle
estoit ainsi continuellement auec son gendre, pour
ce qu'elle estoit encore belle femme, soupçonne-
rent aucun mal sur eux, par l'enhortemét du diable.

Alors vne mauuaise femme de Boucher vint à la
maison ou estoit la Damoiselle la tira à part, luy dict.
Damoiselle, ie ne sçay comme l'entédez : les voisins
disent que vostre gendre vous maintient, voire dict
la Damoiselle, il n'est pas vray, qui la dict à menty :
lors elle fut si desplaisante de cela, qu'elle ne sçauoit
que penser, si vint à son gendre, luy dict, Mon amy,
menez moy à ma maison. Le gentil-homme qui ne
pensoit à nul mal fut d'acord, la mena incontinent à
son hostel sur son cheual derriere luy. En allát la Damoiselle qui estoit marrie des paroles qu'on luy a-
uoit dictes, pensa en son courage quelle luy coupe-
roit la gorge, afin q̃ iamais n'en fut parlé, ce qu'elle
accõplit la nuict mesme. Quád elle eut faict ce cas,
elle commença à plorer, rompant ses vestemens,
& tirant ses cheueux disant Helas! meschante femme qu'as tu faict? Tu as tué ton gendre, ta fille est
vesue. Ha Dame de Liesse secourez moy. Ainsi de-
solee & marrie qu'elle estoit. print le corps l'emporta en son Iardin & l'enterra. Apres peu de temps aduint qu'on ne veoit point retourner cestuy son gendre, dequoy sa femme s'esmerueilloit, & mandoit
souuent à sa mere, en demandant ou elle l'auoit enuoyé. La mere luy mandoit qu'il s'en estoit retourné
dés le lendemain qu'il l'auoit ramené.   Or ne s'en

fussent iamais doutez ceux qui la cognoissoient, né
mescreu la Damoiselle, laquelle estoit fort dolente,
prioit chacun iour nostre Dame de Liesse que ce cas
ne vint point à cognoissance: estoit moult repentáte
d'auoir commis tel crime tant enorme, confessa son
peché duql elle eut l'absolutió en faisant penitence.

Le prestre qui sçauoit le cas d'elle, fut tenté du peché de la chair, & pensa qu'il la prieroit. La Damoiselle ne demeura gueres qu'il vint à son hostel par
plusieurs fois, de faict la pria, & en fin l'oppressa.

Ce voyant, luy respondit qu'elle n'en feroit rien.
Lors le maudict prestre, sauf l'honneur de Dieu, luy
dict qu'il l'accuseroit à la iustice qui la feroit brusler,
si elle ne cósentoit a sa volonté. La Damoiselle bien
courroucee cuida deuenir folle & l'argua : tellemét
qu'elle luy dist, que si ne sortoit de sa maison qu'elle
luy feroit desplaisir.   Allors le prestre s'en alla fort
despité a la iustice reueler la confession d'elle & l'ac-
cusa de ce cas. Parquoy incótinent le Iuge l'enuoya
querir, & deuant luy cófessa ce meurtre & il la con-
demna à estre bruslee deuant sa maison.

LA pauure Damoiselle soy desconfortant, reclamoit souuét nostre Dame de Liesse, & elle mit
du tout sa fiance en elle qu'elle luy sauueroit la vie.

Le iour vint qu'elle fut amenee pour estre bruslee,
& fut liee à l'estache & fagots mis autour d'elle, puis
couuerte de paille, le borreau mit le feu dedans, mais
onc ne sceut tát faire que le feu la voulut brusler, tát
plus il approchoit le feu tant plus reculoit : tellemét
que le Preuost qui la estoit, vint interroger la Damoiselle qui f'estoit qui la gardoit, laquelle respódit

que c'eſtoit noſtre Dame deſlieſſe. Puis côta au Iuge
comme c'eſtoit vn preſtre à qui elle ſeſtoit confeſſee
lequel auoit reuelé ſa confeſſion, pource qu'elle n'a-
uoit voulu côſentir à ſon plaiſir faire. Adonc le Iuge
luy demanda, ſi elle côgnoiſſoit bien le preſtre. Elle
dict Ouy. ¶ Et ainſi comme on oſtoit les bourrees
d'entour elle, aduiſa le preſtre & dict. Môſieur, voila
celuy qui m'a accuſee, & ſubitement deuant tout le
peuple, vint le diable qui emporta le preſtre viſible-
ment. Lors le Iuge voyant ce miracle, fit amener la
Damoyſelle & luy ſauua la vie par la grace de Dieu
& de la glorieuſe vierge Marie ſa mere.

E N vn quartier de Bourgongne y auoit vn
Marchand, lequel ne pouuoit auoir enfans de ſa femme, pour laquelle choſe
ſe voua à la belle Dame de Lieſſe, & qu'il
l'iroit viſiter, ſil luy plaiſoit tant faire enuers Dieu
qu'il luy donnaſt enfans. La bonne Dame de Lieſſe
qui n'oublie iamais ceux qui la prient deuotement,
Auant qu'il fut le bout de l'An, la femme fut groſſe,
à vn mois pres d'accoucher, il voulut aller accomplir
ſon voyage, ſe mit en chemin : mais auant qu'il peut
arriuer à l'Egliſe il trouua des brigans qui luy oſte-
rent tout ſon argent, le lierent à vn arbre, ou il y fut
deux ou trois iours : tellement que le bon homme
en aimant la Dame de Lieſſe, fut ſecouru & deſlié
d'vne Pucelle. Pour laquelle choſe (deſirant d'accomplir ſon veu ſans denier ne maille) alla remercier la belle Dame en ſon Egliſe, & pendant ſon
voyage ſa femme accoucha d'vn beau fils, dont elle
fut bien ioyeuſe.

SI auint au bout de quinze iours que ceste femme
se baignoit, & voulant auoir compagnie, enuoya
querir vne sienne commere pour estre auec elle au
bain par sa garde qui la gardoit, laquelle bailla l'enfant à sa mere estât dans son bain, luy disant qu'elle
se donnast de garde qui ne luy eschappast en l'eau.
La mere respondit qu'elle ne se souciast point, mais
se diligentast tost d'aller. Incontinent que la garde
fut partie, il print si grand sommeil à la femme dans
le bain, qu'il luy convint dormir tenant son enfant
en ses bras. Le diable qui jamais ne dort, tenta la
femme de plusieurs songes : tellement qu'elle laissa
choir l'enfant dedans le baing lequel fut noyé.

Incontinent la garde & la Comere arriverent, &
trouuerent l'enfant sur l'eau flottant & sa mere dor-
mant. Lors commencerent à crier, Iesus, Nostre
Dame, traistraisse femme qu'estce que tu as faict, tu
as noyé tô enfant. Soudain la femme resueillât, fut
bien estonnee & ne sceut que dire, sinon cryer.

La Iustice estant aduertie, y voulut pouruoir, &
estant releuee fut condânee à estre penduë & estran-
glee. L'enfant ja quatro iours mort & enterré, va arriuer le bon hôme de mary de son voyage de Liesse.
Allors les voisins luy conterent ce qui estoit aduenu
à sa femme. Lors le bon homme se print à reclamer
nostre Dame de Liesse, en se desconfortant piteuse-
ment. Demanda ou estoit sa femme, auquel fut dict
qu'on en alloit faire iustice: lors se print à courir tant
qu'il peut, & vint deuers le Iuge, luy escriant qu'il
vouloit parler à sa femme. Le Iuge voyant ce bon
homme luy dict qu'elle estoit condamnee à mort :

mais que volontiers parleroit à elle, laquelle chose il
fit. Quãd la femme vid son mary, & le mary sa femme, Dieu sçait qu'elle pytié disant l'vn à l'autre.

Helas! ma femme dict le mary, que vous est-il aduenu. Ie ne sçay comme cela m'est aduenu. Helas!
amy, c'est le plus bel enfant que iamais vous veistes.
Le mary pria le Iuge qu'il veist son enfant, & le Iuge
respondit qu'il estoit ia pourry, & qu'il y auoit quatre iours qu'il estoit enterré. Non-obstant le pauure
hõme le voulut voir. Le Iuge enuoya deterrer l'enfant par ses Sergens, l'apporterent deuant le Iuge &
deuant le Pere, l'enfant sentoit comme baume.

Quand le Pere vid son enfant, il se mit à genoux, &
s'escria, Nre Dame de Liesse, si haut que chacũ l'ouyt
disant. Belle Dame, cest enfant à esté engendré par
voſtre plaisir, ie vous prie monſtrez icy voſtre miracle: car ie croy que voſtre fils ne vous refusera point.
Incontinent apres la parole finie, l'enfant çomméça
à cryer, & ietter plusieurs souspirs deuant la Iustice
qui la estoit. Le Iuge voyãt le miracle, rendit la femme à son mary auec l'enfant.

N autre pays, le Nepueu d'vn Conte son
heritier seul, par faux rapport de deux ma-
quereles qui auoyent tesmoigné qu'il
auoit prins à force vne fille, fut condamné à estre deuoré en la fosse aux lyons, ce pendant
que le Conte estoit allé visiter la belle Dame de
Liesse, & auoit enchargé à son Preuost ou Bailif, de
faire bõne iustice tandis qu'il feroit son voyage, dont
ainsi fut faict de son Nepueu, lequel fut mis pour
deuorer à la fosse aux lyõs, & fut donné à la pucelle

qu'on disoit que ledit nepueu auoit forcee cest escus.
Les deux maquerelles qui gouuernoient la fille s'entreoccirét, car l'vne occit l'autre. Et celle qui fut occise empoisonna la fille & l'autre maquerelle, ainsi moururent toutes trois meschamment.

AV bout de trois semaines le Conte reuint de son voyage, demanda son Nepueu: on luy dict qu'il estoit mort & luy fut conté tout le cas, parquoy il fut tout esbahy, reclama la Dame de liesse, & aussi l'éfant qui tousiours auoit bié seruy la belle Dame, & auoit esté accusé à tort, d'ou il fut preserué des lyós en la cauerne qui ne luy toucherent. Adonc le Cóte estant fort marry, voullut aller voir la fosse. Et quád on ouurit l'huis, son nepueu dit, C'est mal faict, que ne me tirez hors d'icy. Adonc le Iuge bien estonné, le fit tirer incontinent, en luy demandant comme il auoit esté tát en vie, & il dict qu'il n'y auoit faict que dormir, parquoy le Conte sceut bien que ce auoit esté par la grace de la belle Dame qu'il auoit esté preserué de mort, & il rendit graces à Dieu.

LE sixiesme iour de Iuillet l'An mill cinq cens cinquante quatre, fut faict vn grand Miracle en la ville & cité de Laon, par la grace de Dieu & de nře Dame de Liesse. Vne féme enceinte, fut par l'espace de quatre iours sans pouuoir enfanter laqlle estát en si grád angoisse promist en son cœur de visiter l'Eglise nře Dame de Liesse, & incótinent fut delluree : mais à son enfant n'apparoissoit vie, & fut ledict enfant par l'espace de quatre heures en tel estat. La mere voyát son enfant sans vie, en tel estat qu'elle estoit, se prosterna à deux genoux les mains ioinctes vers les Cieux, priant la

belle Dame qu'il luy pleuſt prier Dieu, que ſon enfant peuſt auoir vie afin d'eſtre baptiſé, que'lle feroit
chanter vne meſſe haute deuant la belle Image de
Lieſſe, & qu'en ce lieu preſenteroit vn clerge de cire
peſant trois liures, à l'honneur de Dieu viuãt en trinité. Incontinent ſa priere faicte, l'enfant ſe print à
mouuoir, & à eſté baptiſé ſur les fons de bapteſme.
Les noms des Pere & Mere y ſont eſcrits.

Autre Miracle aduenu par l'interceſſion de la glorieuſe vierge Marie, ainſi qu'il ſe voit eſcrit en vn Tableau en l'Egliſe noſtre Dame de Lieſſe.

'AN Mil cinq cens Soixante & dixneuf,
le pmier Dimãche de Careſme, vn nómé
Iean Poirie demeurant à monthery, aagé
de quatorze Ans, fut frappé d'vne vire
par la teſte en regardãt tirer à la butte, ce coup pene-
trant dedãs la teſte inſques au cerueau, ſoudain qu'il
fut frappé, ſe recommanda à Dieu & à noſtre Dame
de Lieſſe, promettãt de la venir ſeruir audict lieu de
Lieſſe, auec vn clerge peſant vne liure en ſa main, lequel ſe ſentit incõtinent allegé, & peu de téps apres
fut guery, dont il eſt venu remercier Dieu & noſtre
Dame en ſon Egliſe de Lieſſe, apportãt certificat de
la Iuſtice dudict Mõthery pour aſſeurer dudict faict.
Audeſſus dudict Tableau eſt eſcrit ce Miracle. En
ladite Egliſe il ſe voit vne teſte de bois & ladicte vire
de laquelle il fut frappé, qui eſt pour donner la co-
gnoiſſance du Miracle, & louer Dieu de ſes graces.

O Vierge en tout temps, mere de Dieu & de I E S V S chriſt, portez en haut noſtre Oraiſon vers les eſleuz de voſtre fils, à fin que noz pechez ſoient pardõnez. Reſiouiſſez vous, ô Dame: car vous nous auez enfanté la vraye lumiere Ieſus Chriſt noſtre Seigneur. Priez pour nous enuers luy, à fin qu'il face miſericorde à noz ames. Priez pour nous en la preſence du ſiege Royal de voſtre fils I E S V S Chriſt. Reſiouyſſez vous belle vrayement Royne. Reſiouiſſez vous gloire de noz parens: car vous nous auez enfanté l'Emmanuel.

O vraye mediatrice deuant noſtre Seigneur Ieſus Chriſt, nous vous prions humblement qu'ayez memoire de nous. Priez pour nous, à ce que noz iniquitez ſoyént effacees. Ainſi ſoit·il.

O vous bons pelerins de tous pays & lieux
Qui deſirez ſçauoir les beaux faicts mer-
*   ueilleux,*
Qu'a mõſtré ſur pluſieurs madame de lieſſe
Liſez cy cette hiſtoire, ou prẽdrez allegreſſe

CESTE. FIGVRE REPRESENTE L'A

triomphante Victoire du precieux corps de Dieu, sur l'esprit malin Beelzebub, par grand Miracle aduenu en l'Eglise nostre Dame de Liesse & à Laon.

L'Abregee histoire du grand Miracle par noftre Sauueur & Seigneur IESVS Christ, en la Saincte Hoftie du fainct Sacrement de l'Autel faict en la ville de Laon, l'An de grace Mil cinq cens Soyxante & fix.

Comme il fut chaßé vingt fix diables par l'interceßion de la glorieufe vierge mere de Dieu Marie, en l'Eglife noftre Dame de Lieffe.

'AN de noftre falut Mil cinq cens Soyxante & cinq, Pius quartus, & apres Pius quintus, eftans Pape de Rome.

Au Royaume de France, y regnant le tres-Chreftien Roy Charles neufiefme de ce nom.

Il eft aduenu que ladicte Annee, le troifiefme four de Nouembre, fur les trois heures apres midy, à Vvreuln en Titrafche, du gouuernemét de Pycardie au Diocefe de Laon en Laonnois.   Nicole Obry,

D

aagee de quinze à ſeize Ans, fille legitime de Pierre, Obty Boucher, & de Catherine Vuillot femme de Loyſ Pierret Couſturier. Eſtant toute ſeulle en l'Egliſe, & priant Dieu pour les treſpaſſez, s'eſtant agenoillee ſur la foſſe de deffunct ſon grand pere Ioachin Vuillot, aduiſa deuant ſoy, comme vn homme droict enſeuely qui parla à elle. la pourſuit & chargea, ſapparoiſſant pour la troiſieſme fois à elle. reſſembloit & diſoit eſtre ledict deffunct grand pere d'elle, ce qu'elle creu. lors ſoudainement il entra en elle, & la rendit tãt malade qu'elle receut l'extreme vnction, ietta tant & ſi horriblement ſoudains & redoublez ſouſpirs, qu'on la iugea eſtre au traict de la mort. Toutes-fois elle demeura comme tranſie: & lors ce grand pere interieurement ſapparoiſſoit & parloit à elle.

Luy eſtant vn peu amendé, elle reſpõdit & dict à ſes parens que ſon grand pere ſeſtoit apparu à elle, & pour la deliurance d'iceluy des peines de Purgatoire (ou il eſtoit detenu) par ce comme il diſoit qu'apres ſon ſouper, ſubitemẽt ayant eſté ſaiſi de la mort, il ne ſeſtoit cõfeſſé ne declaré les voyages qu'il auoit vouez en ſa vie) inſtamment il demandoit qu'on fiſt dire les Meſſes, donner les auſmoſnes & faire les pelerinages qu'elle leur diſoit.

OR les parens & amys voyans, que pour l'entier accompliſſement de ces bonnes œuures, le mal ne diminua. Et entendant d'auantage, que le voyage de Sainct Iacques reſtoit encores à eſtre faict ou bien conuerty en autres pelerinages ou bonnes œuures. Par l'aduis des gens de bien & de ſçauoir,

ils firent coniurer ce grand pere par Maistre Claude
Lautrichet, l'vn des Curez, & par Maistre Guillau-
me Lourdet le Maistre d'escolle. Le grand pere dõc,
respondit (cõme tousiours depuis) en la bouche ouuerte de Nicole, à plusieurs cõiuratios, & se dit estre
de Dieu, & enuoyé de Dieu & de Ioachin Vuillot
l'ame, & le bon Ange d'iceluy : mais à ses effects &
dicts il fut iugé Ange mauuais de tenebres & Satha-
niques.   Dont aussi par viues raisons Frere Pierre de
la motte Religieux, predicateur de l'Ordre de sainct
Dominique, appellez Iacobis, le monstra estre vn
méteur, & par ce le declara estre vn diable, & de fait
tousiours depuis viuemẽt au nom de Dieu le pressa
de sortir de ceste creature.   Ge grand pere estant cõ-
gneu estre tel. encores qu'il sen fust deffendu tant
qu'il peut, & finablement par coniuration cõtraincts
respondit son nom estre Beelzebub, qui estoit seul
qui y estoit entré, par ce que la mere & le mary la
luy auoyent donnée, & qu'elle luy auoit donné son
consentement, le croyant estre son grand pere,
& tousiours deuant la saincte Hostie la rendit hor-
rible à voir, & espouuentable à ouyr, finablement
comme i'ay dict au parauant, incrediblement dure
& folde au toucher.   D'auantage sapparut à elle
comme vn homme fort hydeux, laid & noir (dont
elle ne creut plus que ce fust son grand pere) & si
l'emporta par trois fois.   Et apres en la coniuration
confessa auoir bien puissance sur le corps, mais non
pas sur l'ame d'icelle, par ce qu'elle ne luy auoit rien
voullu donner depuis qu'elle croyoit que ce fust vn
diable, par peur qu'elle receut plus nostre Createur

au matin en la maison du pere d'icelle, il la rendit
muette, aueugle, & sourde l'vn apres l'autre.

Et depuis, à fin qu'elle ne se confessast des larcins
qu'il se disoit luy auoir faict faire au pere & mere
d'icelle, la rendit tout à coup muette, aueugle, &
sourde (elle ce pendant) par signes des doigts mis
en la bouche, demandant sa necessité de boire &
manger iusques à ce qu'il fust reuenu en elle & la
possedast. Lors estant en elle plus qu'au parauant,
se mocquoit du bien faict, & accusant tousiours
le vice, reueloit vaisseaux plus lointains de la grad'
& multitude des assistans leurs pechez les plus se-
crets (non confessez au prestre) ne se souuenant plus
de les confesser, comme souuentes fois il a dict, &
experience la demonstré.

OR le bon Religieux, d'auantage s'accompagna
des susdicts gens d'Eglise, pour plus viue-
ment contraindre le diable sortir. Premierement
en la maison & en la demeure en l'Eglise, il chastia
par oraisons, oblations, & toutes autres sortes de la
bouche & autres de telle & dict, il preschoit l'aduenir
enseignant les gens à y venir qu'il em apportoit de
oraison de dieu puissance de l'ame, de Soyssons &
l'Archeuesché de Reims & les subiects de l'Eg[lise]
tost de plusieurs se confessoit en bon estat pour les
euangeliser seigneur & Sauueur IESVS CHRIST.
Noch necessairement auec processions, le prier
soubz l'hymne de la patience à laquelle il se rendre la
par oster la douleur & l'ennuye. Premierement par at-
touchement de la vraye Croix a la bouche, aux yeux
& oreilles d'icelle, & ce pour vn temps (durant la
il

quelle se confessa de tout ce que le diable l'auoit ac-
cusee receut pardon & la saincte Hostie au matin.

Et finablement apres que Beelzebub eut appellé
tous les autres diables a son ayde pour luy faire voir,
a vne heure, plusieurs fois receuoir le seul victorieux
remede qui est nostre Createur, Sauueur & Seignr
Iesus Christ en la saincte Hostie, de laquelle le bon
Religieux voyant la premiere victoire, fut esmeu de
grand ioye, & s'escria disant. O Maistre Gonin te
voila vaincu. Aussi fut Nicolle à l'instant renduë
(comme tousiours depuis auoir receu nostre Seigneur) saine d'esprit & de corps, enflammee de deuotion, & ornee de tres-gratieuse beauté, du tout
surpassant la naturelle. Beelzebub donc, se voyant
par la presence du Roy des Roys en la saincte Hostie estre contrainctz de s'enfuyr aussi soudain qu'il
reuenoit, & non par les souuerains effors des Mini-
stres pretendus & reformez, se representerent a le
coniurer, ausquels il dict qu'il n'en feroit rien pour
eux, parce qu'il estoit leur maistre, & qu'ils estoiét
des siens qu'il aymoit bien. Beelzabub dy-le auffi
tost ehaffé que reuenu, s'eslença & tint son fort en
vne iambe, puis au bras gauche, qui rendoit forclus
du sens d'iceluy, principallement quand il la lais-
soit: car la possedant il vsoit plus d'iceluy, que de
l'autre, & se fortifia d'auantage de vingtsix autres
diables, qui en horribles visions apparoissoient a elle
comme hommes laids & hydeux, qui auec espees &
dagues toutes nuës la vouloient tuer, comme gros
chats noirs aussi grans que moutós qui la vouloient
esgratigner, mordre & estrangler, & comme flam-

beaux de feu, ſentans fort le ſouffre qui luy entroſét és yeux & en la bouche, dont ſe diſoit quaſi eſtre eſtouffee. Et ainſi ſe preſentans à elle, la faiſoient treſſaillir de peur, & mettre ſes mains deuant ſes yeux, deſquels trente diables le Religieux à l'Interceſſion de la glorieuſe vierge & mere de Dieu Marie par la ſainćte Hoſtie, en chaſſa vingt-ſix en l'Egliſe nſe Dame de Lieſſe, & le lendemain vn autre nómé Leglo, a Pierrepont, à l'interceſſion des Sainćt & Sainćtes, deſquels les Chaſſes y eſtoyent. & ne les pouuans chaſſer tous (par ce qu'il y en auoit qui no s'en irroient que pour l'Eueſque) comme l'auoit dićt Acelzebub. Il conduiſit la patiente à Laon le Ieudy vingtquatrieſme iour de Ianuier, mil cinq cés ſoyxante & ſix & à fort grand peine (par ce que tous craignoſent de loger le diable qui reueloit les pechez des perſonnes) la fit loger en l'Hoſtellerie des porcelets.

AINSI la rendát entre les mains de Reuerend pere en Dieu Meſſire Iean de Bours treſdigne Eueſque & Duc de Laon, qui à Vrrculó iuſques à Laon noſtre Sauueur & Seigneur IESVS Chriſt, comme par vn ieune garçon (s'il n'eſt autre,) les ſauua tous de perils des eaux deuant Lieſſe. Auſſi par le Reuerend pere en Dieu Frere Geoffroy de Billy, de prunay, ſçauát magnanime & liberal Abbé de Sainćt Vincent de Laon les deliura à pietrapont, de l'effect de la mauuaiſe volonté des ennemis de l'Egliſe Catholique. & garda touſiours ladićte Nicole, laquelle á Laon les pretendus reformez veille-

rent, eurent grand peur & peine à la tenir, & veiret
en icelle les contraires effects de l'autheur de mort,
du pain de vie, & ce tant au logis desdicts Porcelets
qui en la prison, ou quelqu'vn de leurs Medecins
mesmes, apres vn furieux dueil, luy bailla vn breu
uage fort puãt & pnicieux, nõ sans le peril du corps
d'icelle : laquelle encore d'auantage, il menasserent
de tuer. Parquoy il fut necessaire la mettre en seu-
reté, comme tres-charitablement la receut, soustint,
& deffendit & nourrit depuis en son logis Frere
Pierre Spifane Cheualier de l'Ordre Sainct Iean de
Hierusalem, Commendateur de Chastillon & de
Puisieux, qui fut vrayement esmeu a la receuoir par
la priere de Reuerend pere Euesque : mais principallement par la saincte remonstrance que cordial-
lement luy fit Maistre Nicolas Regnier, loyal Gou-
uerneur de la maison d'iceluy, & Maistre du vene-
rable Chapitre.   Plus en cest hostel fut faict vn fort
beau exercice de deuotion, le tout estant conduict
par Maistre Nicole d'Espinois, Chanoine de nostre
Dame de Laon, qui depuis tousiours auec les autres
gardes, tant de iour que de nuict, assista la patiente,
& à porté tesmoignage deuant le Prince de Condé
Le Reuerend Pere Euesque donc en grande humi-
lité, douceur, & patience, s'affligea par oraisons, seus
nes & labeurs. Fut bien secódé des venerables Mai
stre Christofle de hericourt le Doyé Maistre Nicaise
Pezé l'Official & Conseiller du Roy, du Chapitre,
& gens de la ville & autres Catholiques, & sur
l'eschafaut (qui par les dicts du diable en la Chappelle de Puisieux, & par les complainctes de la grãde

multitude ꝫ, voſtre quelsꝗues fois pour vne heure plus de mille des aſſiſtans, fut releuee en la nef de l'Egliſe à faict grãd deuoir de bõ Paſteur, & à chaſſé les trois autres diables, auec l'ayde des prieres des gés do bien adreſſez à Dieu & à noſtre Dame de Lieſſe.

Loué ſoit Dieu

RONDEAV.

Dame de Lieſſe, lieſſe,
Donnez à voz Pelerins,
Qui vous requierrent par humbleſſe,

Genoux flechis à ioinctes mains,
Voſtre Fils le Sauueur des humains,
Dame, plaiſe à voſtre hauteſſe
Pour nous prier qu'il ne nous laiſſe,
Quãd mort mettra ſur nous les mains.

Dame de Lieſſe.

Tous mourrons l'vn de ces demains,
Et faut que chacun apparoiſſe
Deuant voſtre cher fils Aduocateſſe
Soyez pour nous à tout le moins.

Dame de Lieſſe.

Amen.

Nobles cœurs venez de toutes
parts,
Approchez vous,
Ne soyez point couarts,
Marchez bien tost, ne plaignez point
voz pas,
Venez icy à tout voz estendards.
Et delaissez voz fleches & voz arcs,
Courez y tost, & ne vous faignez pas,
Venez querir & impetrer la grace,
De la plus belle que onc fut en place,
Vous cœurs humains qui viuez en
tristesse,
Venez serui la Dame de Liesse,
Gens songneurs pleins de melancolie,
Gens tristes qui viuez en folie,
Reueillez vous venez faire prieres,
A la Dame qui pour nous son fils prie
Et qui noz cœurs de liesse viuifie
Ouurez voz yeux portes & barrieres
Ostez tristesse mettez pechez arrieres,

E

Il est saison de faire chere lie,
Et que chacun son cœur si humilie,
Deuotement vers la dame & princesse
Qu'on doit seruir en ce temps de liesse
    Tous prisonniers qui desirez issuë
Lisez icy & vous verrez l'issuë,
Du beau miracle qu'elle fit en turquie,
Aux cheualiers, à qui hóneur est deuë,
Quand en prison ils furét mis en muë,
Pour confesser Iesus fils de Marie,
Car pour son vueil en leur Seigneurie,
Se trouuerent auec la belle Image,
Au pres du bord, & dessus le riuage,
D'vne fótaine ou l'eau coule sans cesse
Tout au plus haut lieu de Liesse.
    Dame Pricesse de to' les cieux clamee
Sur toutes estes la mieux aimee,
De vre fils comme Dame & maistresse
En ce beau lieu ou estes renommee
Vous venons voir à chandelle allumee
En vre Eglise pour nous donner liesse.
    Ainsi soit-il.

E te saluë Princesse inestimable.
Mere de Dieu, Royne du ciel notable,
De Paradis porte dor singuliere,
Dame du monde, vierge pure honorable,
Qui a conçeu le fruict incomparable,
La fleur du Ciel, le Thresor la lumiere
Comme subiect a ta saincte chappelle,
De Liesse le me rend & t'apelle,
A mon secours, car de necessité
Sans toy ne puis estre reconforté,
Ie te supplie côme dame & maistresse,
Que tu donne par ta grace & pytié,
A tes seruans perdurable liesse.

Pucelle plaisante & delectable
Des desolez recours tresamiable
Qui as porté vierge saine & entiere,'
Le fils de Dieu sans que fusse coupable
D'aucun peché charnel vituperable,
Mais as gardé virginité premiere.
Tu es de Dieu mere & ancelle,
Et outre plus sur toutes femmes celle
Ou il y à plus de felicité.
Bien la môstré quand nostre humanité
De toy à prins vne si grand noblesse
Que de donner tu as authorité,
A tes seruans perdurable liesse.

Helas vierge de ton œil pitoyable,
De grace plainne, douce & fauorable,
Ne iette pas les pecheurs en arriere
Mais garde moy du faux môde dânable
Qui me mettra à fin tres-miserable,
Si n'est par toy de grace Thresauriere,

Dont ie te prie precieuſe pucelle,
Noble ſans per, des autres la plus belle,
Tout de vertu, lis de virginité.
Puis de douceur, fontaine de beauté,
Que tu nous ſois eſcu & fortereſſe,
En impetrant par ta grande charité,
A tes ſeruans perdurable lieſſe.

   Prince regnant en la gloire eternelle,
Qui fut nourry du laict de la mammelle,
A la vierge qui ſans charnalité,
Conçeut ton corps pour en ouyr nouuelle
Et nous donner par la priere d'elle,
Finablement gloire & tranquilité.
Et ne prend garde a noſtre iniquité
Mais aye pytié de l'ame pechereſſe
Donnant la ſus auec la Trinité,
A tes ſeruans perdurable lieſſe. Ainſi ſoit-il.

   Autre Oraiſon à noſtre Dame de Lieſſe.

AVous ſecours des deſolez.
Nous venons en pelerinage
Tous deſolez, vous conſolez,
Humble vierge de haut parage,
Obediens de bon courage,
Icy nous venons preſenter,
Ne nous vueillez pas reietter,
En vous auons ſeulle eſperance,
Vous nous auez ia faict aidance,
En toutes noz aduerſitez,
Reconfort aux deſconfortez,
Auez donné digne Princeſſe,
Royne fleur de toute beauté,
Donnez à voz ſeruans lieſſe.   Ainſi ſoit-il.
Pater noſter. Aue Maria gratia plena.

Extraict du priuilege du Roy.

HENRY PAR LA GRACE DE Dieu Roy de France & de Nauarre, A noſtre Bailly de Troyes ou ſon Lieutenant, Preuoſt de Paris, Seneſchal de Lió, Poitou Berry, Champagne, Iuges d'Anjoû & du Maine, & à tous noz autres Iuſticiers & Officiers, ou leurs Lieutenants, Salut. Noſtre bien aymé Blaiſe Boutart Marchand Imprimeur & Libraire en noſtredicte ville de Troyes, Nous à donné à entendre que depuis peu de temps ença, il auroit recouuert, non ſans frais & labeurs, vn liure intitulé (l'Hiſtoire & Miracles de noſtre Dame de Lieſſe.) Lequel liuré ledict ſuppliant deſireroit faire imprimer & mettre en lumiere, mais il doubte qu'autres que luy, ou ceux auſquels il auroit donné charge, ſe vouluſſent ingeter de les Imprimer fruſtrans par ce moyen ledict ſuppliant de ſon labeur, s'il ne luy eſtoit pourueu de noz Lettres à ce conuenables humblement requerant icelles. Parquoy deſirant ledict ſuppliant eſtre recompenſé de ſes labeurs, fraicts & miſes, Auons à iceluy permis & octroyé, permettons & octroyons par ces preſentes d'Imprimer ou faire imprimer, vendre & diſtribuer par tout noſtre Royaume leſdicts Liures, ſans qu'autres que luy, ou ceux auſquels il

donnera pouuoir le puiſſent imprimer ou faire imprimer, vendre & diſtribuer iuſques au terme de dix
Ans, à compter du Iour & Datte de l'Impreſſion
dudiĉt Liure, & ce ſur peine de confiſcation deſdiĉts
Liures, & d'amende arbitraire.
SI vous mandons, & à chacun de vous, commettõs
endroiĉt ſoy (comme à luy appartiendra) que de
nře preſent Priuilege, & du contenu en iceluy, vous
faiĉtes & ſoffriez iceluy ſuppliant iouïr plainement
& paiſiblement, & ceux ayans charge de luy & à ce
faire, ſouffrir & obeyr, contraignez tous ceux qui
pour ce ſeront à contraindre par toutes voyes & ma-
nieres deuës & raiſonnables. Car tel eſt noſtre plaiſir
Nonobſtant quelconques Lettres à ce contraires.

DONNE à Paris le troiſieſme Iour de Septembre
l'An de grace Mil ſix cens & vn. Et de noſtre regne
le treizieſme.

Par le Roy en ſon conſeil.

Renouard.

Ons Pelerins pleins de deuotion,
Pour euiter fascherie & tristesse,
Lisez ce Liure auec affection,
Et vous verrez comme en toute liesse,
La feste on faict le huictiesme Septembre,
De nostre Dame, auec la Dedicace,
Ou grands pardõs, ainsi que me remembre,
Sont concedez de tresgrande eficace.

fol 8 [...]

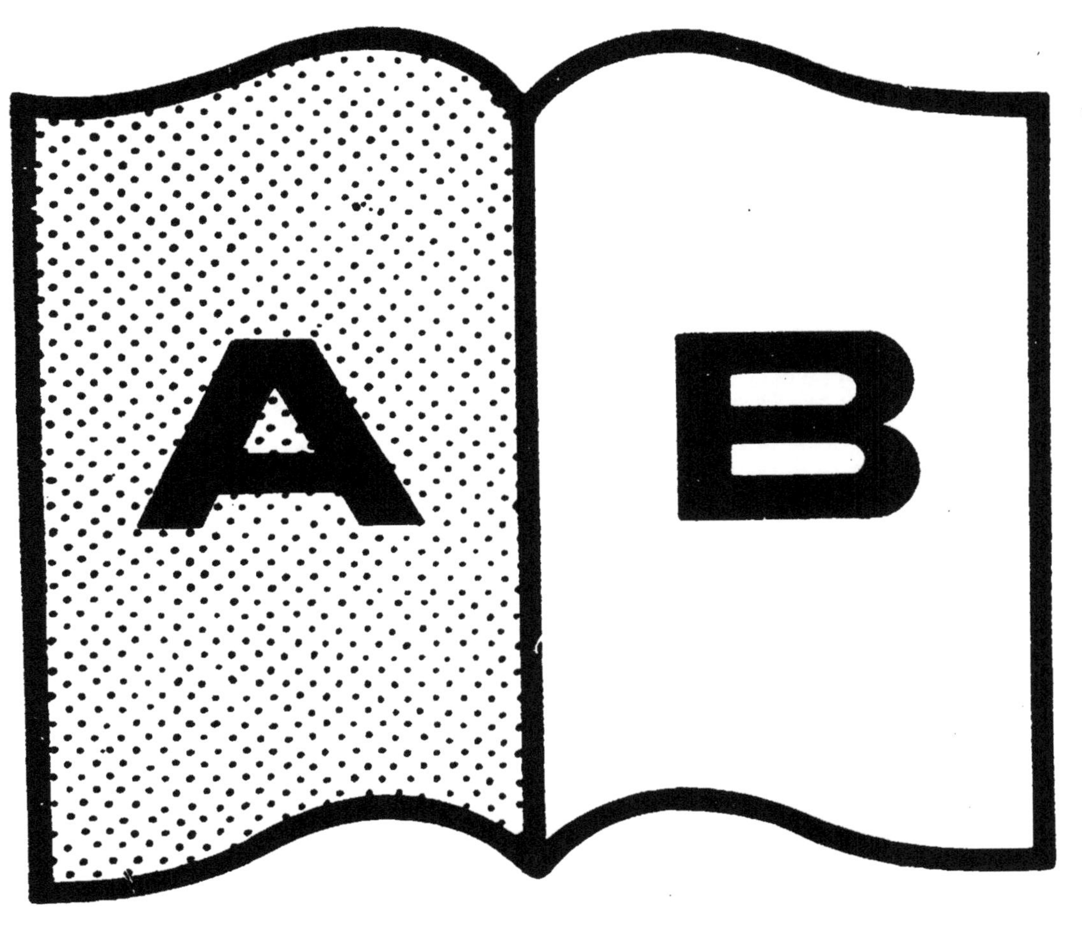

Contraste insuffisant

NF Z 43-120-14

www.ingramcontent.com/pod-product-compliance
Ingram Content Group UK Ltd.
Pitfield, Milton Keynes, MK11 3LW, UK
UKHW021711130726
13696UKWH00004B/1758